COUDRIN– l'enfant noir

ÉQUIPE LES 5 RAPIDOS

CHAPITRE 1 OUF

OUF bon on va a la plage on vient
de finir tous les dossiers et
les fiche d'organisation allée
les gars on iva.STOP
l'équipe les 5 RAPIDOS allée

a la plage vous s'étre
encore en heures supplémentaire
et pourtant la semaines
dernière vous aviez été
en congé care vous avier

trop d'heure en tous cas
je pense que je vais
fini pas vous envoyer chez
MAMIE FUSION et
puis zut la semaines prochaine
vous partez avec les équipes.

P TIT ANGE

KART

ALLEE retourné dans vaux studios
c'est fini pour aujourd'hui.
OUI CHEFS OUF ils sont infernal
mais il font beaucoup plus
de dossiers que moi heureusement
que les équipes.

P TIT ANGE

KART

CHAPITRE 2 HAAAAAA

allée debout les équipes
P TIT ANGE

KART

LES 5 RAPIDOS
bon vous allée chez MAMIE FUSION
dans moin de 25 minutes allée a
la douche et pas de mauvais coup
en plus vous resté en congé pour 5 jours

GHROUM

(MAMAN)

ALLÉE dans mes bras p'tit
diable numéro 2 tu reste tranquille

pas de comédie et oui je
m'occupe de toi en attendant
que les équipes se prépare

pas de mauvais coup hein
Allez on va dans le salon.
OUI MAMAN dis maman c'est

quand on va a la plage
avec toutes les équipes pour
1 semaine mais avec
les différentes équipes certe
pas toutes en même
temps histoire de
passer 1 peu de temps.

CHAPITRE 3 HUMMMMMM

GHROUM

ALOR les équipes

P TIT ANGE

KART

LES 5 RAPIDOS
comment ça va en tous cas
vous s'étre en pleine forme
alor vous resté avec moi pour

2 semaines en tous cas je
vous emmène cette après-midi
au source chaude en tous
cas ont va passer de bonne
vacance et vous allée
enfin retrouvé les équipes

JUMEAUX ENCRE NOIR

JUMEAUX ANGE NOIR

LES P TIT DIABLE NUMERO 1 ET 3

eux vont être content de
vous revoir pas contre vous
faite attention en ce
moment ils sont super
fatigué ils sont été vidangés
ils ya 48h donc normalement
ils ne devrais avoir plus
du tout mal au ventre en
tous cas ils sont bonne appétit
en ce moment pas contre
comment ce fait'il que vous
soyés en poncho? ODRE
de LK elle a demandé a p'tit
diable numéro 2 de nous téléporter ici.

CHAPITRE 4 OOOOOOOO

SALUT les coussin allor comment
ça va en tous cas vous
s'être tous en maillot de plage.
WOUAH vous avez fait
pas mal de travaux en tous
cas vous avez fait des énorme rénovation

LES coussins arrêter de râler
en plus demain vous avez
le droits d'allée a la piscine
et au nouvelles salle d'arcades

(56 MINUTES PLUS TARD)

ALLÉE les équipes

P TIT ANGE

KART

LES 5 RAPIDOS

JUMEAUX ENCRE NOIR

JUMEAUX ANGE NOIR

LES P TIT DIABLE NUMERO 1 ET 3

A la douches et a table à 20h20
o moin vous pourrez ensuite aller au lit.

CHAPITRE 5 GLA GLA

LENDEMAIN

WOUAH il a neigé toute la nuit.
STOP voila vaux équipement d'hiver

pas contre vous ne faites pas les cons
uniquement des boules de neige.

pas de cailloux dans les boules
de neiges et pas de mauvais
coup dans 3 semaines vous partez
chez MADELEINE PALAUD sauf
si il ya 1 changement de
programme ou 1 contre temps.

(8 heures plus tard)

ALLÉE les équipes

P TIT ANGE

KART

LES 5 RAPIDOS

JUMEAUX ENCRE NOIR

JUMÉAUX ANGE NOIR

LES P TIT DIABLE NUMERO 1 ET 3
WOUHA des pizza et des hamburgers
STOP voila les serviettes de tables

et les couvercle évité de
vous salir et en plus vous allée
être habillé en.BONHOMMES de
neige VOILÀ vaux nouveaux

vêtements d' hiver.

CHAPITRE 6 PLOUFF

ALLÉE les équipes.

P TIT ANGE

KART

LES 5 RAPIDOS

JUMEAUX ENCRE NOIR

JUMEAUX ANGE NOIR

OUI mamie FUSION on iva pas
 contre on fait quoi demain
pas oui on et vendredi hélas
mais dites-moi vous n'y allez pas.
gardés vaux enfant les
p'tit diables numéro 1 et
3 cette après-midi.

56 MINUTES PLUS TARD

allez les gars vous pouvez
allée a la plage de port maria
et oui MOLEQUE vien
vous récupéré à 13h et
vous dormez chez MADELEINE PALAUD

pour normalement 5 semaines
avant de retourner dans l'auberge
des JUMEAUX BOSSEUX pour
retravaillé avez vaux
neveux et nièces jermain.

CHAPITRE 7 REPAS FAMILIALES AVEC TOUTES LES
ÉQUIPES PALAUD ET ÉQUIPE LE RET

GROUHM

GROUHM

GROUHM

ALLO les gars comment ça
va en tous cas vous avez
pris des couleurs.LES garçons
a table pas de bagarre en
tous cas vous s'étre tous

a l'heure allée prenez place
pas contre je vous prévien
les équipes LES 2 JUMEAUX
BOSSEUX et l'équipe KART.
arrive vert 11h.ET bonne nouvelle

p'tit diable numéro 2 arrive
vert 14h30 comme ça
il pourra directement y aller.

jouer avec les borne d'arcade
et ne va pas faire des crises colériques.
1h30 plus tard

MAMIE PALAUD bonne anniversaire

MERCIE p'tit diable numéro 2
mais ce né pas mon anniversaire
tu es encore en avance.
Mais je note l'effort allée va
joué pas de bêtise et pas

de crise de violence voilà
tés bonbon pas de crise hein.

CHAPITRE 8   1 SEMAINE PLUS TARD

OUFF enfin ils sont repartir
ils sont trés fatiguant
mais o moin on a trés
bien rigolé sur tous que pour
 1 fois p'tit diablc numéro 2
c'est tenu tranquille
toute la semaines il a
même pas fait 1 seul crise
de colère.PAS faut
MADELEINE PALAUD
mais il faut dit que depuis
que l'équipe BEAU GOSSES lui
fait des séance d'hypnose

Composition de couverture COUDRIN

DÉPÔT LÉGAL: 1 DECEMBRE 2022